Guido Maiwald

Die Dichtung am Hofe Karls des Großen

Der GRIN Verlag publiziert seit 1998 wissenschaftliche Arbeiten von Studenten, Hochschullehrern und anderen Akademikern als eBook und gedrucktes Buch. Die Verlagswebsite www.grin.com ist die ideale Plattform zur Veröffentlichung von Hausarbeiten, Abschlussarbeiten, wissenschaftlichen Aufsätzen, Dissertationen und Fachbüchern.

Guido Maiwald

Die Dichtung am Hofe Karls des Großen

GRIN Verlag

Die Deutsche Bibliothek verzeichnet diese Publikation in der Deutschen Nationalbibliografie; detaillierte bibliografische Daten sind im Internet über http://dnb.d-nb.de/ abrufbar.

1. Auflage 2005
Copyright © 2005 GRIN Verlag GmbH
http://www.grin.com
Druck und Bindung: Books on Demand GmbH, Norderstedt Germany
ISBN 978-3-656-37040-6

Autor: Guido Maiwald

06.07.2005

Thema:

Die Dichtung am Hofe Karls des Großen

Inhaltsverzeichnis

Einleitung

Bereits der kaiserliche Krönungstitel *„Karolus serenissimus augustus a Deo coronatus magnus pacificus imperator Romanum imperium gubernans qui et per misericordiam dei rexusius Francorumatque regnatum Langobardorarum"* bezeichnet Karl als „von Gott gekrönt" und „Friedensstifter" und legt somit die Prioritäten seiner Amtszeit fest. Als *Augustus Imperator Renovatio Imperii Romani* verstand er sich als Nachfolger der römischen Kaiser, wobei die Kirche seine Macht legitimierte und er im Gegenzug die Kirche und den Frieden förderte. Durch Änderungen der Reichsverfassung und Reformierung der klerikalen Infrastruktur, bei der er auch für sich das Recht herausnahm, Bischöfe zu ernennen, wollte Karl eine Zentralisierung der Macht in seiner Hand erreichen. Als Basis dieser Reformen muss die Reform des Bildungswesens gesehen werden, da sie sprachliche und verwaltungstechnische Normen setzte. Zentraler „thinktank" dieser Reformen war die *scola palatii* in der neben Wissenschaftlern auch Dichter ihre Schüler in den *artes* unterrichteten. Das Verhältnis der Hofdichter zu Karl, sowie ihr Leben und Werk am Hofe sind das Thema dieser Arbeit. Dabei wird im ersten Teil die organisatorische Struktur der Hofschule im Vordergrund stehen. Im zweiten Teil wird dann das Leben und Werk der wichtigsten Dichter portraitiert.

1. Die Hofschule Karls des Großen

Dass es sich bei der „Hofschule" nicht um eine Schule handelte, die Kinder im frühesten Alter aufnahm, wissen wir von Alkuin, der berichtete, dass er einen vierzehnjährigen Franken und einen fünfzehnjährigen Sachsen seit Kurzem in Grammatik unterrichte.[1] Ein Brief von Paulus von Aquileja gibt zudem Aufschluss über die Anzahl der Schüler, die er mit dreißig bezifferte.[2] Über die Dauer der Ausbildung ist uns kein Detail überliefert worden, Braunhölzl dürfte aber mit der Vermutung recht haben, dass der Lehrer die Ausbildungsdauer bestimmte und der Schüler erst in das Berufsleben überging, wenn der Lehrer ihn als dafür geeignet befand.[3] In einem vor dem Jahre 799 entstandenen Gedicht von Alkuin erwähnt dieser die verschiedenen Ämter am Hofe Karls und deren Organisationsstruktur: die *sacerdotes* Christi, die *ministri*, die *medici*, die *versifici* und die *turba scriptorum,* wobei jeder *Ordo*, so die Bezeichnung Alkuins für die einzelnen Gruppen, über einen Magister verfügte. Exakt diese Organisationsstruktur finden wir auch in einem Brief Alkuins an seinen ehemaligen Schüler Eanbald, der im Jahre 796 Erzbischof von York wurde, und der von seinem Lehrer ermahnt

---

[1] Alkuin, PL 101, 854 B
[2] Braunhölzl, S. 29
[3] Ebd., S. 29

3

wurde, sich um die Schulen zu kümmern und die verschiedenen *ordines* einzurichten.
Bemerkenswert ist an dem Brief, dass er eindeutig den Term Schule verwendet und dass er,
wie auch schon zuvor, keine Hierarchie für die *ordines* angibt, was darauf hindeutet, dass sie
hinsichtlich ihrer Relevanz als gleichartig betrachtet wurden. Aus weiteren Berichten und
Briefen geht hervor, dass es sich bei der am Hofe befindlichen *scola* um eine Art
Musterschule handelte, die sich von den Schulen anderenorts darin unterschied, dass sie alle
bekannten Lehrbereiche abdeckte, während z. B. die Schulen der Bischofssitze nur über
einige der *ordines* verfügten, z. B. die, die sich mit den liturgischen Aufgaben befassten. Der
Brief an Eanbald enthält ausdrücklich den Hinweis, dieser solle bei der Einrichtung der
ordines Rücksicht auf die örtlichen Verhältnisse nehmen.[4] Auch über die Aufgaben der
Dichter am Hofe Karls erstattet Alkuin Bericht und er erwähnt, dass Petrus von Pisa
Grammatik lehrte, Braunhölzl vermutet, dass Paulinus Theologie lehrte, während für Paulus
Diaconus kein Magisteramt erwähnt wurde. Was das Lehrziel der Hofschule anbetrifft, so war
dies die Vermittlung der Fähigkeit zur Bibelauslegung, wozu die *artes liberales* die
Grundfertigkeiten vermittelten.[5] Im ersten Teil seiner Grammatik, einem Dialog zwischen
Alkuin und einem Schüler, der sog. *Disputatio*, spricht Alkuin über den Sinn eines jeden
Unterrichts, der darin bestehe, den Schüler zur Weisheit zu führen. Die Weisheit ist die
Lehrmeisterin aller Tugend und der einzige Reichtum, der seinen Besitzer nie ins Unglück
führt. Diesen Weg zum Glück kann der junge Mensch jedoch nicht von sich aus finden, dazu
bedarf es der Anleitung eines Lehrers. Aber wie erst das Licht das Auge befähigt Dinge zu
sehen, so benötigt der Schüler die Erleuchtung durch Gott. Alle Bemühungen um die
Erkenntnis der Weisheit können aber nur von Erfolg gekrönt sein, wenn der Lernende sie um
ihrer selbst Willen finden will und nicht mit dem Zweck des Erwerbs irdischer Güter wie
Ruhm, Ehr oder Reichtum. Diese Güter führen denn Menschen um so weiter von der Weisheit
weg, je mehr er sich ihrer hingibt. Alkuin verwehrt dem Individuum diese Güter nicht, er
mahnt nur deren maßvollen Gebrauch an, wobei sie in diesem Fall der Suche nach
Vollkommenheit sogar dienlich sein können.[6] Wichtig ist Alkuin der Inhalt des Strebens des
Menschen, strebt er nach dem Wesensfremden, dem Reichtum und Ruhm, so kann er dies
alles verlieren, wie Krösus oder Alexander der Große, strebt er jedoch nach dem ihm
wesenseigenen, nach der Weisheit, so ist etwas in seinem Besitz, was ihm kein Schicksal
rauben kann. Die Erlangung der Weisheit führt stufenweise von unten nach oben über sieben
Säulen, nach dem Beispiel der sieben Gaben des Heiligen Geistes. Diese sieben Stufen sind

---

[4] Braunhölzl, S. 31
[5] Ebd., S. 32
[6] Ebd., S. 33

4

die Grammatik, Rhetorik, Dialektik, Arithmetik, Geometrie, Musik und Astronomie. Dies waren die Arbeitsbereiche der Philosophen und mit diesen Themen solle der Schüler sich täglich beschäftigen, um sich dann gestärkt der Heiligen Schrift zuwenden zu können, dadurch die Häresie zu überwinden und zu einem Verteidiger des Glaubens zu werden. Ziel der *Disputatio* ist es dem Unterricht und der Bildung einen metaphysischen Sinn zu geben und von dieser Basis aus Richtlinien für Inhalt und Aufbau des Unterrichts abzuleiten, so beinhaltet der Text das Bildungsprogramm Alkuins. Obgleich die *Disputatio* einige Parallelen zu Cassiodors II. Buch der *Institutiones* enthält, sind die Säulen für Alkuin, anders als für Cassiodor, keine Stufen, die nacheinander bestiegen werden müssen, sondern in ihrer Bedeutung nebeneinanderstehen.[7] Alkuins große Leistung besteht in der Transformierung der überlieferten Disziplinen hin zu einem in sich geschlossenen Schulsystem und mit dem Ziel dem Lernenden das „höchste Glück" in Gestalt der Weisheit zuteilwerden zu lassen. Diese Weisheit ist für Alkuin nicht mehr exklusiv den Theologen vorbehalten, sondern richtet sich an alle Menschen.[8] Dieses allgemeine Verlangen nach Glück hat eine deutliche Parallele zu Boethius, auch die Struktur und die handelnden Charaktere Alkuins *Disputatio* sind klar an jene der *Consolatio* des Boethius angelehnt. Bezüglich der Werte Reichtum, Ehre, Macht, Lust, Ruhm sind hingegen Unterschiede erkennbar. Während Boethius diese nur als „Schattenbilder der verschiedenen Seiten des wahren Gutes" sieht und ihnen jeden Eigenwert abspricht, bestreitet Alkuin nicht deren Nutzen für den Menschen und sieht deren maßvollen Gebrauch gar als eine Form der Vollkommenheit.[9] Durch diesen Schritt macht Alkuin sein Bildungsprogramm für alle Stände geeignet, und nicht nur für die, die sich Kraft ihrer Geburt nicht um monetäre Angelegenheiten kümmern brauchten. Hinsichtlich des Unterrichtsinhalts stellt Braunhölzl die Vermutung an, dass es sich im Wesentlichen zunächst um das Auswendiglernen des „Vaterunsers", des Credos und der Psalmen gehandelt haben dürfte. Zu dem wurden seiner Ansicht nach einfache Texte und die Fabeln des Avian gelesen, sodass der Schüler sich im Gebrauch der lateinischen Sprache üben konnte. Der Unterricht in den *artes* bestand zum einen aus der Grammatik, bei der Alkuin wahrscheinlich Texte von Donat und Priscian zugrunde legte, wobei sein eigenes grammatisches Lehrbuch sich nicht dazu eignete, die Sprache von Grund auf zu erlernen, da sie das Verständnis der Sprache schon voraussetzte. Vermittelt werden sollte in den Grammatiken, auch denen der antiken Autoren, eher das System der lateinischen Sprache. Die Hofschule Karls hatte ihre herausragende Stellung jedoch weniger durch ihre Rolle als sprachbildende Institution als durch ihr Wesen

---

[7] Braunhölzl, S. 35
[8] Ebd., S. 36
[9] Ebd., S. 38

als Institution an sich – als Modellschule für das Reich. Dennoch ist die Entstehung des karolingischen Mittellatein von ihr ausgegangen, auch wenn es gegenüber der älteren Variante nur wenige Innovationen enthielt. Welche Lektüre neben Vergil noch rezipiert wurde, ist nicht bekannt. Bekannt ist aber die Weise, auf die gelesen wurde. Absätze wurden wiederholt und Worte dabei mit entsprechenden Synonymen ausgetauscht, wodurch eine Sprache intensiv erlernt wird und der Wortschatz sich erweitert. Dem Unterricht in Lektüre dürfte der der Verskunst gefolgt sein. Hinsichtlich der Dialektik und den mathematischen Fächern war das vermittelte Wissen unserer Quellenlage zur Folge nur gering und beschränkte sich offenbar auf die Vermittlung der wichtigsten Definitionen.[10]

2. Die Dichter am Hof Karls des Großen

Die wohl größte Schwierigkeit bei der überlieferten Poesie vom Hofe Karls ist neben der offen zutage tretenden Panegyrik, der Lobpreisung des Herrschers, literarische oder persönliche Elemente herauszuarbeiten. In seiner Lobrede auf Karl, die auf das Jahr 796 datiert wird, finden wir bereits Elemente, die zeigen, wie solche Texte komponiert wurden. Angelehnt an das Modell der *Vita s. Martini* von Fortunatus rühmt Theodulf von Orleans die Klugheit Karls mit den Worten „Sie ist breiter als der Nil, gewaltiger als der Hister, größer als der Euphrat und nicht kleiner als der Ganges".[11] Das Gedicht wird bestimmt durch die musische Form der Worte, wobei das Metrum vom edlen Thema vorgegeben wird, da Alltagsworte diesem nicht angemessen wären. Die Impulse zur ‚lobenden Versdichtung' an Karls Hof kamen zum einen durch die Vorbilder der antiken Dichtung, die bei der Vermittlung der lateinischen Sprache eine große Rolle spielten (s. o.), zum anderen aber durch den Umstand, dass Karl selbst offenbar die Dichtung liebte. Angilbert drückte dies mit den Worten „David amat vates, vatorum est gloria David" aus.[12] Die häufigsten Gattungen der Hofdichtung an Karls Hof waren Anreden, Widmungen, Gebete, Preisgedichte und Schilderungen. Doch war Karl nicht nur Empfänger solcher Texte, sondern ließ diese selbst unter Angabe des eigenen Namens verfassen, und es darf vermutet werden, dass er selbst Inhalt und Gestalt vorgab. Wie gelang es dem weltlichen Herrscher Dichter an seinen Hof zu binden und welcher Art waren die Beziehungen zu ihnen? Diese Frage soll in den folgenden Absätzen geklärt werden, in denen die Vitae der einzelnen Dichter kurz beschrieben werden.

---

[10] Braunhölzl, S. 41
[11] Von den Steinen, S. 65
[12] Ebd., S. 66

2.1 Paulus Diakonus

Paulus Diakonus wurde als Sohn einer langobardischen Adelssippe um 720 in Friaul geboren und am Hofe des Königs Ratchis in Pavia ausgebildet und erwarb sich dort Ansehen. Als Karl im Jahre 773/774 das langobardische Königshaus stürzte und sich selbst zum *rex Langobardorum* ernannte, schloss sich Paulus der minderheitlichen Opposition an und entschloss sich für ein Leben im Kloster von Monte Cassino. Als Paulus' Bruder sich 776 an dem einzigen Aufstand gegen den neuen Herrscher anschloss, schickte ihn der König in die Verbannung ins Frankenreich und seine Familie musste als enteignet Not leiden. Dass Karl das Herzogtum Benevent zunächst nicht eroberte, machte auf Paulus großen Eindruck, was er in der *Gesta ep. Mett.* erwähnte. Wolfram von den Steinen vermutet zudem, dass sich in Italien Verbindungen zwischen dem König und einigen Dichtern ergaben, wovon auch Paulus erfahren haben mag. So trafen Alkuin und Karl erstmalig in Italien zusammen und auch Peter von Pisa, ein alter Gefährte von Paul, lebte seit dem Romzug Karls im Jahre 781 an dessen Hof. Im Jahre 782 entschloss sich Paulus, in Versen bei Karl um Gnade für die seinen zu bitten.

> Höre das Wort deines Dieners, du höchster König in Milde,
> Und mit gütigem Sinn blicke mich Weinenden an.

Es folgt die Schilderung des Elends seiner Familie, in der er, ohne sich zu demütigen, ihre eigene Schuld anerkennt. Die letzten Verse beschäftigen sich ganz mit dem Schicksal seines Bruders:

> Aber erbarme, wir flehn, erbarme dich mächtiger Herrscher,
> Endlich setze in Huld alle den Übeln ein Ziel!
> Gib dem Gefangenen wieder die vaterländischen Fluren,
> Gib ihm mit mäßigem Gut wieder sein heimisches Dach,
> Dass unser Herz zu Christus auf ewig den Lobgesang singe,
> Der allein nach Gebühr wiederzugeben vermag.

Auf sein Gedicht hin wurde Paulus an den Hof eingeladen, der im Spätherbst 782 in Diedenhofen verweilte. Nach kurzer Zeit drängte man ihn zum Verbleib und Peter von Pisa verfasste im Auftrag Karls ein topisch ausgeschmücktes Lobgedicht auf den gelehrten Dichter. Seiner Bitte gab Karl zunächst nicht statt, vermutlich weil die im gleichen Jahr

stattgefundenen Aufstände der Sachsen Karls Lust einen Aufrührer zu begnadigen nicht gerade gefördert haben dürften. Karl wollte sich die hohe Kunst Pauls und sein Wissen um die lateinische und griechische Sprache zunutze machen und warb gar um die Liebe des Dichters:

> Was im Gleichnis du gesprochen, lässt uns glauben, dass du gern,
>
> Da im Felde unserer Liebe tief du eingewurzelt bist,
>
> Haften werdest und zur alten Höhle nicht zurückbegehrst.[13]

Paulus weist das Dichterlob mit Bescheidenheit zurück erfreut sich jedoch an Karls Liebe zu ihm:

> Was mich hier als Anker festhält, es ist eure Liebe nur.
>
> Das ist mehr als aller Nektar, ist die allerbeste Glut.
>
> Nicht durch Wissenschaften haschen wir nach eitlem Lob und Ruhm.

Die Entscheidung am Hof Karls zu verweilen fiel Paulus jedoch sehr schwer, er vergleicht das Hofleben mit einem Kerker oder einem Sturm gegenüber der Ruhe des heiligen Benedikt. Was ihn jedoch hielt, war wohl zum einen die Hoffnung Karl könnte die Bitte um die Freilassung seines Bruders erhören, zum anderen „und was mehr ist als dies, die Macht unseres ruhigen Königs und Herrn". In der Folgezeit schrieben sich Karl, Paulus und Petrus von Pisa kleine Gedichte, Briefe und Sinnrätsel, die entweder der Schärfung sprachlicher Fähigkeiten oder nur dem Zeitvertreib dienten. In diesem Zusammenhang entstand auch das nachweislich einzig originäre Gedicht aus Karls Feder:

> Schon erheben sich neu in der Welt, die durchwindeten, Wunder,
>
> Wie sie den alten Jahrhunderten ganz verborgen gewesen.
>
> Aber darunter ist eins, das sollst du, Dichter, uns nennen.
>
> Und im brieflichen Wort vor unsern Augen erschließen.[14]

Im Anschlussgedicht von Paulus bekennt dieser sich nun eindeutig zur motivierenden Kraft seines Königs:

> Sieh nur, wie ich ein Lied anstimme gerundeten Verses

---

[13] Von den Steinen, S. 68
[14] Ebd., S. 69

8

Und mit dem sanften Getön die dichten Wälder erfülle.

Ihm gehört ja auch dies, was zarten Summens ich singe:

Seit mich sein eigenes Antlitz mit seinem Licht übergossen,

Lockte es aus der Kehle des Stummen die dürftigen Laute.

Nach diesem Briefwechsel ließ Karl den Bruder des Paulus frei und fragte diesen in seiner Botschaft, die leider nicht erhalten blieb, scherzhaft was der Dichter nun tun wolle, schwere Ketten tragen, im Kerker verbringen oder als Bekehrer zum Dänenkönig Sigifrit reisen, der ihm des Lebens und der Kunst berauben würde. Die Antwort des Paulus war ein Lobesgedicht, welches jedoch nicht auf die Fragen des Königs einging. In seiner Antwort bemängelte Karl eben diesen Umstand und Paulus schrieb daraufhin an seinen König:

Nicht des Kerkers bedarf's noch mich in Ketten zu werfen:

Kettet mit Liebe mich doch lange mein König und Herr.

Ist es erlaubt, das kleine mit großem Geschehn zu verbinden,

Darf man aus höchstem Bereich Lehren ins heutige ziehn,

Wohl; wie der heilige Petrus in Christi unendlicher Liebe

Aufbrannt', als ihm der Herr seine vergab,

So, nun du den Frevel verziehn hast, Freund du der Milde,

Reißt deine starke Lieb' Flammen im Herzen mir auf.[15]

Die Zeilen zeigen sowohl die Wandlung des Paulus, der bislang dem Werben seines Königs verhalten begegnete, als auch die große Autorität Karls, dem es gelang, durch eigene Ehrerbietung an seine Untergebenen und seine Milde deren Herzen zu erreichen. In der Folgezeit wurde Paulus enger Mitarbeiter der Hofschule und es entwickelte sich offenbar eine tiefe Freundschaft zwischen Karl und dem Poeten. Öffentlich bezeichnete Karl Paul als seinen *Familiaren*, persönlich als „mein Paul", als „lieben Bruder" oder „besten Vater". Paul wiederum schreibt von Karl, dass der Allmächtige diesen als Schirmherrn und Vater gegeben hat, als Zierde und Wunder der Welt, als Licht der Seinen und Glorie der Franken. Paulus dichtete in dieser Zeit mehrere Grabinschriften für Angehörige der Königsfamilie und verfasste eine Geschichte der Bischöfe von Metz, der Hauskirche der Karolinger. Etwa um das Jahr 786 kehrte der greise Mönch auf eigenen Wunsch in das Kloster Monte Cassino zurück. Auch aus der Entfernung blieb Paulus seinem König eng verbunden, er sorgte dafür,

---

[15] Von den Steinen, S. 71

dass Karl vom Papst das Sakramentar Gregors des Großen und vom Cassineser Abt die authentische Regel Benedikts erhielt, stellte für die Kaiserpfalz aus den Predigten der Kirchenväter ein Homiliar zusammen und bemühte sich auch sonst um die Erweiterung der Pfalzbibliothek.[16] Paulus verstarb offenbar in den 790er Jahren in seiner Wahlheimat Monte Cassino.

2.2 Alkuin

Vom Amte Alkuins am Hofe des Königs wurde bereits im 1. Teil dieser Arbeit berichtet, dies beinhaltete auch seine Schriften zur Grammatik und seine Äußerungen in Bezug auf weltliche Werte. An dieser Stelle soll eher das persönliche Verhältnis Alkuins zu Karl, sowie seine schriftstellerische Tätigkeit im Bereich der Poesie erörtert werden. Während sich von Alkuins Texten ca. 3 Dutzend Briefe an seinen König, einige ihm gewidmete Werke und Äußerungen erhalten geblieben sind, fehlen Texte von Karl an oder über Alkuin bis auf eine Ausnahme. In dieser ist neben Sachfragen der Wissenschaft an das Ende eine kurze persönliche Widmung gesetzt, die Karl „an den teuren, nur mit Liebe von uns zu nennenden Magister" adressiert. Ob es mehr Material aus dieser Richtung gab, welches über die Jahrhunderte verloren ging, ist nicht bekannt. Die Briefe Alkuins an Karl sind hingegen allesamt aus der Endzeit, ab dem Jahre 796 und berichten daher nicht über den Beginn ihrer Freundschaft. Bevor Alkuin an Karls Hof kam, hatte er an der Domschule von York eine umfangreiche Ausbildung erfahren, zu der sicherlich auch die poetische Bildung gehörte. Im Anschluss arbeitete er dort selbst als Magister. Als Alkuin im Frühjahr 781 von einer Mission aus Rom zurückreiste, begegnete er Karl in Parma. Die zu diesem Zeitpunkt getroffene Entscheidung Alkuins, dem König fortan zu dienen weist darauf hin, dass sich beide jedoch nicht zum ersten Mal trafen. Im Jahre 799 bat Karl Alkuin um einige astronomische Erklärungen und der von einer schweren Krankheit Genesende schrieb:

> Kaum lässt mir auf Erden ein gräuliches Fieber das Leben,
> Und zum Himmel, sagt ihr, solle ich nehmen den Weg…
> Wär' es nicht besser, der Dichter, von seinen Knaben begleitet,
> Pflückte mit kundigem Daum heilende Kräuter im Feld,
> Als dass er mit Aratos' Zirkel die Zeichen am Himmel,
> Dass er Sonne und Mond in ihren Bahnen beschreibt?
> Dennoch, wie es der Seher der lauteren Prägung gesungen:

---

[16] Von den Steinen, S. 72

Liebe besieget das All. Liebe besiege denn uns.

Du, in meinem Herzen die große Liebe, befahlest,

Und so schildert' ich kurz Himmels Gebäu und Gestirn.[17]

Wie auch in den Gedichten des Paulus erkennen wir die tiefe Liebe und Ehrerbietung, die der Dichter für seinen König empfand. In der *Carmina*, einem Figurengedicht aus den 80er Jahren des 8. Jh. preist Alkuin Karl als „Vater der Welt", der allein der Welt gebieten solle. Es handelt sich hier offenbar um eine Mahnung an geistliche und weltliche Herren, dem König zu folgen, den er als David sieht, der mit Friede und Milde als Vorbild regiert.[18] Alkuin nimmt hier keinen Bezug auf die militärische Macht Karls, vielmehr sind es die geistigen und christlichen Werte, die ihn zum legitimen Herrscher machen.

2.3 Angilbert, Theodulf und Dungal

Angilbert stand von allen Dichtern Karl persönlich am nächsten. Er war ca. 10 Jahre jünger als der König und am Hof ausgebildet worden. Schon bald übernahm Angilbert wichtige Ämter und Missionen und wurde auch von Alkuin und Theodulf sehr geschätzt. Wie Alkuin bezeichnet Angilbert Karl als David, der ihm erst den Grund für seine Dichtung gebe.[19] Theodulf mag zwar der Königsfamilie nicht so nahe gewesen sein wie die vorher genannten Dichter, dennoch war sein Wirken am Hofe von großer Bedeutung. Seiner hervorragenden Ausbildung in Spanien hatte er es wohl zu verdanken, dass Karl ihm im Jahre 789/790 den Auftrag zu den *Libri Carolini* erteilte. Theodulf erhielt von Karl die Cathedra von Orleans und von Papst Leo III, zum Dank für dessen Rehabilitierung, das Pallium. Der König ließ ihn Verse für Grabinschriften dichten und er wurde als Bischof und Erzbischof auf verschiedene Missionen geschickt und mit Gutachten beauftragt. Zwischen 809 und 812 schrieb Theodulf an einen Freund eine Würdigung der Taten Karls, die wohl sehr gut die Hochachtung seiner Untergebenen darstellt:

Denn das liegt ihm immer am Herzen: bringen will er die Bischöfe zur

Erforschung der heiligen Schriften und zur gesunden, nüchternen Lehre – den

ganzen Klerus zur Zucht – die Philosophen zur Erkenntnis des Göttlichen wie des

Menschlichen – die Mönche zum frommen Bund – alle insgemein zur Heiligkeit;

und so die Großen zur Besonnenheit, die Richter zur Gerechtigkeit, die Krieger

---

[17] Von den Steinen, S. 72
[18] Ebd., S. 77
[19] Ebd., S. 80

11

zur Waffenübung; die Führenden zur Demut, die Untergebenen zum Gehorsam, alle insgemein zur Klugheit, Gerechtigkeit, Tapferkeit, Mäßigung – und zur Eintracht. So und solcherart erhöht und steigert dieser beste der Männer unablässig die heilige Christenheit; in seiner erstaunlichen Kirchen- und Staatsverwaltung schöpft der Tätige aus dem Born der Weisheit und gelangt ans Ziel durch seine sichtbare Virtus."

Im Jahre 796 widmete Theodulf Karl zum Sieg über die Avaren ein Gedicht. In den ersten Strophen zeichnet der Verfasser ein Bild von Karl nahezu wie ein Maler und rühmt dabei seine Ausstrahlung und entrückt ihn dabei fast dem Irdischen. Im Verlauf des Gedichtes tritt der Hofstaat Karls in den Vordergrund, wobei einige Personen mit Liebe, andere wiederum mit Spott bedacht werden. Es wird deutlich, dass auch die Satire einen festen Platz in den literarischen Topoi hatte und wie weit die Freiheit der Worte des Einzelnen ging.[20] Erwähnenswert ist zudem der Poet Dungal, der, so lässt sich der Name und sein Beiname *„Hibernicus exul"* deuten, aus Irland stammte. Nach dem Tode Alkuins wurde er von Karl in philosophischen und astronomischen Fragen um Gutachten gebeten. Erhalten blieb zudem ein Fragment, welches die Unterwerfung Tassilos im Jahre 787 episch darstellt. In den wichtigsten Distichen des Gedichts preist der Dichter die angebrochene Ära unter Karl:

Alte Jahrhunderte pflegt man mit leuchtendem Lobe zu feiern;
Was erst Vergangenheit ist, scheint überglänzt und beglückt.
Aber die Gegenwart reizt die Zunge zu scheltender Rede,
Und für gewöhnlich liegt schwer auf dem Herzen das Heut.
Uns hingegen, verwandelt sind uns Gesetz und Gewohnheit:
Lieber als frühere Zeit ist uns der lebende Tag.
Denn bei uns verwaltet als Herr in Fülle und Tugend
Friedebereitend und stark Karl das romulische Reich[21]

---

[20] Von den Steinen, S. 84
[21] Ebd., S. 84

Zusammenfassung

Deutlich wurde in den zitierten Textstellen, dass Karl nicht nur ein materieller Förderer der Wissenschaften, der Künste und des Glaubens war. Er vermochte nicht nur Kraft seiner weltlichen Macht, sondern auch Kraft seiner psychologischen Gabe seine Untergebenen an sich zu binden. Selbst Paulus, der zunächst in klarer Opposition zu Karl stand, konnte sich dem Charisma und der freundschaftlichen Zuneigung des Königs nicht entziehen, der trotz Wissens um den Konflikt des Paulus um dessen Dienste warb. Im Paderborner Epos, welches weder Angaben zum Titel noch zu seinem Verfasser enthält, tritt ein weiterer Eindruck zutage, den auch andere Hofdichter zu umschreiben versuchten. Karl wird hier nicht als allwissend in allen Disziplinen dargestellt, es ist vielmehr seine Anwesenheit und Moderation, die jedes „Ding an seinen richtigen Platz stellt, es in seinen Wurzeln erfasst und in seinen Folgen durchschaut"[22] Karl besaß offenbar die Fähigkeit Situationen und Umstände von einer Metaebene aus zu betrachten und dadurch dem, der sich mit den Einzelkomponenten befasste, den Blick für das Ganze zurückzugeben.

Literatur

Brunhölzl, Franz: „Der Bildungsauftrag der Hofschule", in: Braunfels, Wolfgang, „Karl der Große", Bd. II „Das Geistige Leben", Verlag Schwann, Düsseldorf, 1965

von den Steinen, Wolfram: „Karl und die Dichter", in: Braunfels, Wolfgang, „Karl der Große", Bd. II „Das Geistige Leben", Verlag Schwann, Düsseldorf, 1965

---

[22] Von den Steinen, S. 92